اسکول - koulu 2

سفر - matka 5

آمد و رفت - kuljetus 8

شهر - kaupunki 10

زمینی منظر - maisema 14

روستورینٹ - ravintola 17

سپر مارکیٹ - supermarketti 20

مشروب - juomat 22

خوراک - ruoka 23

فارم - maatila 27

گھر - talo 31

لوونگ روم - olohuone 33

باورچی خانو - keittiö 35

غسل خانو - kylpyhuone 38

پارن جو کمرو - lastenhuone 42

لباس - vaatteet 44

آفس - toimisto 49

معیشت - talous 51

پیشو - ammatit 53

اوزار - työkalut 56

موسیقی جا اوزار - soittimet 57

چڑیا گھر - eläintarha 59

راند - urheilu 62

سرگرمیون - aktiviteetit 63

خاندان - perhe 67

جسم - vartalo 68

اسپتال - sairaala 72

ایکسری - hätätilanne 76

زمین - maa 77

کلاک - kello 79

هفتو - viikko 80

سال - vuosi 81

شکلون - muodot 83

کلر - värit 84

مخالف - vastakohdat 85

نمبرز - numerot 88

بولیون - kielet 90

کیر / چا / کینن - kuka / mitä / miten 91

کاٹی - missä 92

Impressum
Verlag: BABADADA GmbH, Nedderfeld 112 , 22529 Hamburg
Geschäftsführer / Verlagsleitung: Harald Hof
Druck: Books on Demand GmbH, In de Tarpen 42, 22848 Norderstedt

Imprint
Publisher: BABADADA GmbH, Nedderfeld 112 , 22529 Hamburg, Germany
Managing Director / Publishing direction: Harald Hof
Print: Books on Demand GmbH, In de Tarpen 42, 22848 Norderstedt

اسڪول

koulu

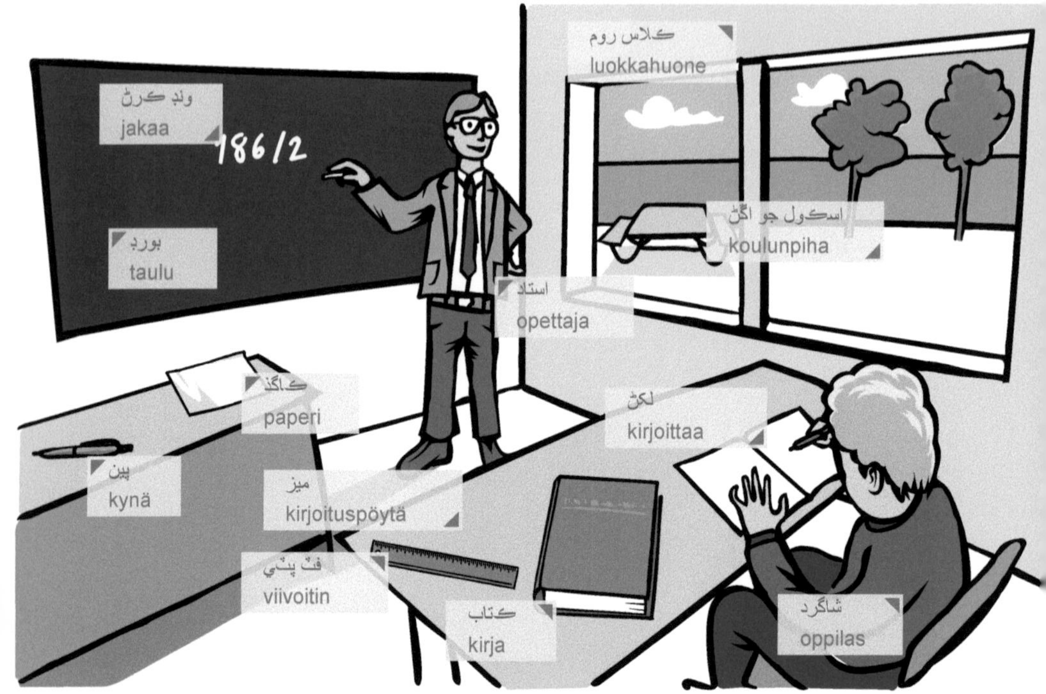
ڪلاس روم
luokkahuone
ونڊ ڪرڻ
jakaa
186/2
بورڊ
taulu
استاد
opettaja
اسڪول جو اڱڻ
koulunpiha
ڪاغذ
paperi
لکڻ
kirjoittaa
پين
kynä
ميز
kirjoituspöytä
فٽ پٽي
viivoitin
ڪتاب
kirja
شاگرد
oppilas

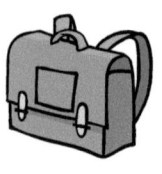

بستو

reppu

پينسل باڪس

penaali

پينسل

lyijykynä

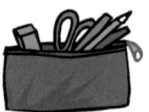

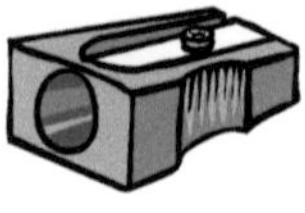

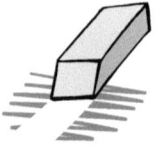

پينسل شارپنر

kynänteroitin

ربڙ

pyyhekumi

ڊرائنگ پيڊ

piirustuslehtiö

درائنگ

piirustus

پینٹ برش

pensseli

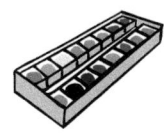

پینٹ باکس

vesivärit

قینچی

sakset

گئونر

liima

مشق کرنے واري کاپي

harjoituskirja

هوم ورک

kotitehtävä

12

عدد

luku

2+2

جوڑ کرنا

lisätä

5-2

کٹ کرنا

vähentää

2×2

ضرب کرنا

kertoa

حساب کرنا

laskea

A

خط

kirjain

**ABCDEFG
HIJKLMN
OPQRSTU
VWXYZ**

الفابيٹ

aakkoset

hello

لفظ

sana

مضمون

teksti

پڑھنا

lukea

چاک

liitu

سبق

oppitunti

رجسٹر

opettajan muistikirja

امتحان

koe

سرٹیفیکیٹ

todistus

اسکول یونیفارم

koulupuku

تعلیم

koulutus

انسائیکلوپیڈیا

sanakirja

یونیورسٹی

yliopisto

خوردبینی

mikroskooppi

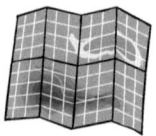

نقشہ

kartta

ردی جی نوکری

roskakori

هوتيل
hotelli

Grand

هاستل
retkeilymaja

ROOMS

رقم تبديل كرائت جي آفيس
rahanvaihto

EXCHANGE

سوت كيس
matkalaukku

كار
auto

بولي

kieli

ها يا نه

kyllä / ei

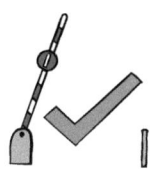

صحيح آهي

selvä

هيلو

hei

مترجم

tulkki

مهرباني

kiitos

هن جي قيمت ڪيڏي آهي....؟

Paljonko...maksaa?

مون کي سمجھ ۾ نٿو اچي

en ymmärrä

مسئلو

ongelma

گڊ ايوننگ

Hyvää iltaa!

صبح بخير

Hyvää huomenta!

ٿب خير

Hyvää yötä!

الوداع

näkemiin

طرف

suunta

سفري سامان

matkatavarat

بيگ

laukku

پويان بٺن وارو بيگ

reppu

مهمان

vieras

ڪمرو

huone

بستر وارو بيگ

makuupussi

خيمو

teltta

سياحت بابت معلومات

turisti-info

سمندر کنارو

ranta

کریډٹ کارد

luottokortti

ناشتو

aamupala

لنچ

lounas

ڈنر

päivällinen

ٹکٹ

matkalippu

لفٹ

hissi

مہر

postimerkki

سرحد

raja

گاہک

tulli

سفارتخانو

suurlähetystö

ویزا

viisumi

پاسپورٹ

passi

آمد و رفت

kuljetus

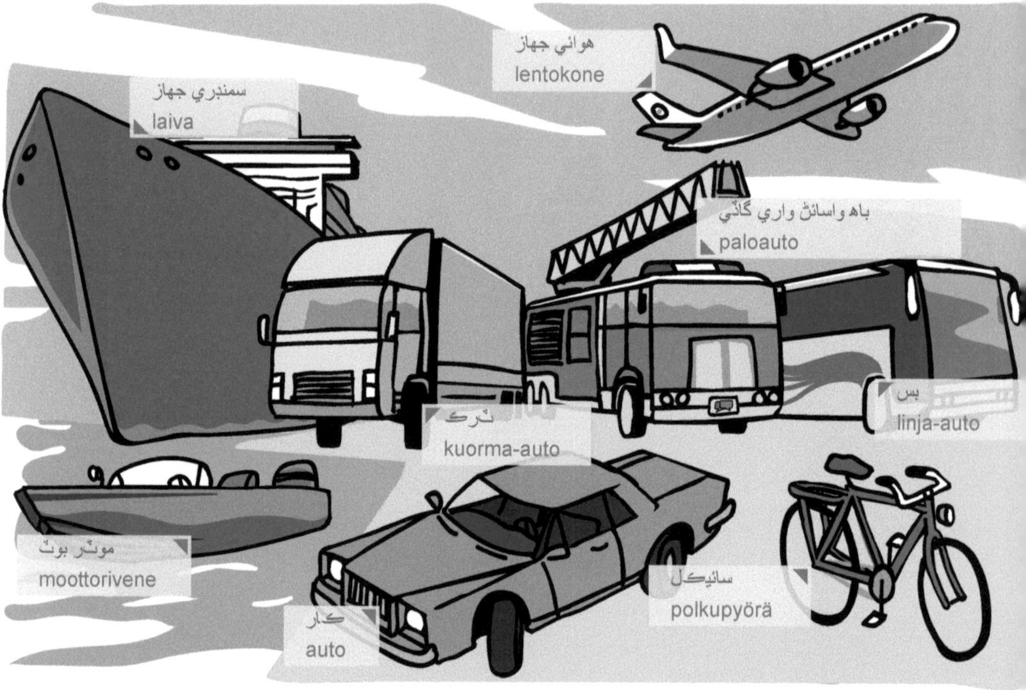

هوائي جهاز
lentokone
سمندري جهاز
laiva
باه واسائڻ واري گاڏي
paloauto
ٽرڪ
kuorma-auto
بس
linja-auto
موٽر بوٽ
moottorivene
سائيڪل
polkupyörä
ڪار
auto

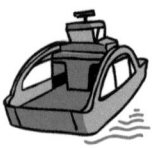

فيري

lautta

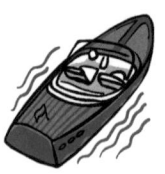

بيڙي

vene

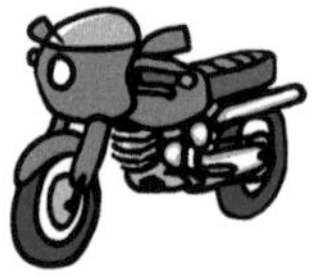

موٽر سائيڪل

moottoripyörä

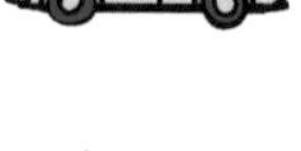

پوليس ڪار

poliisiauto

ريسنگ ڪار

kilpa-auto

رينٽل ڪار

vuokra-auto

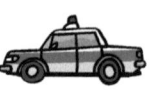

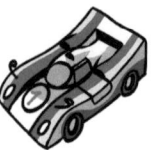

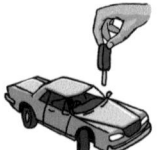

چشیرنگ کار

car sharing

چکٹ وارو ٹرک

hinausauto

کچري واري ٹرک

roska-auto

کار

moottori

فیول

polttoaine

پیٹرول اسٹیشن

huoltoasema

ٹریفک جا نشان

liikennemerkki

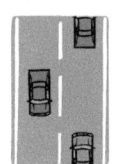

ٹریفک

liikenne

ٹریفک جام

ruuhka

کار پارک

parkkipaikka

ٹرین اسٹیشن

rautatieasema

پٹڑیون

raiteet

ٹرین

juna

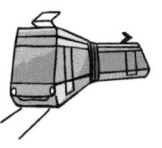

ٹرام

raitiovaunu

ویگن

vaunu

هيليکاپٹر

helikopteri

ايئرپورٹ

lentokenttä

ٹاور

lähilennonjohto

مسافر

matkustaja

کنٹينر

kontti

ڈبو

pahvilaatikko

ريڑھی

kärryt

ٹوکري

kori

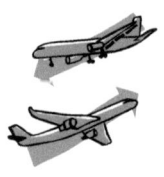

اڙڻ / زمين تي لھڻ

nousta / laskea

شهر

kaupunki

ڳوٺ

kylä

شهر جو مرکز

keskusta

گهر

talo

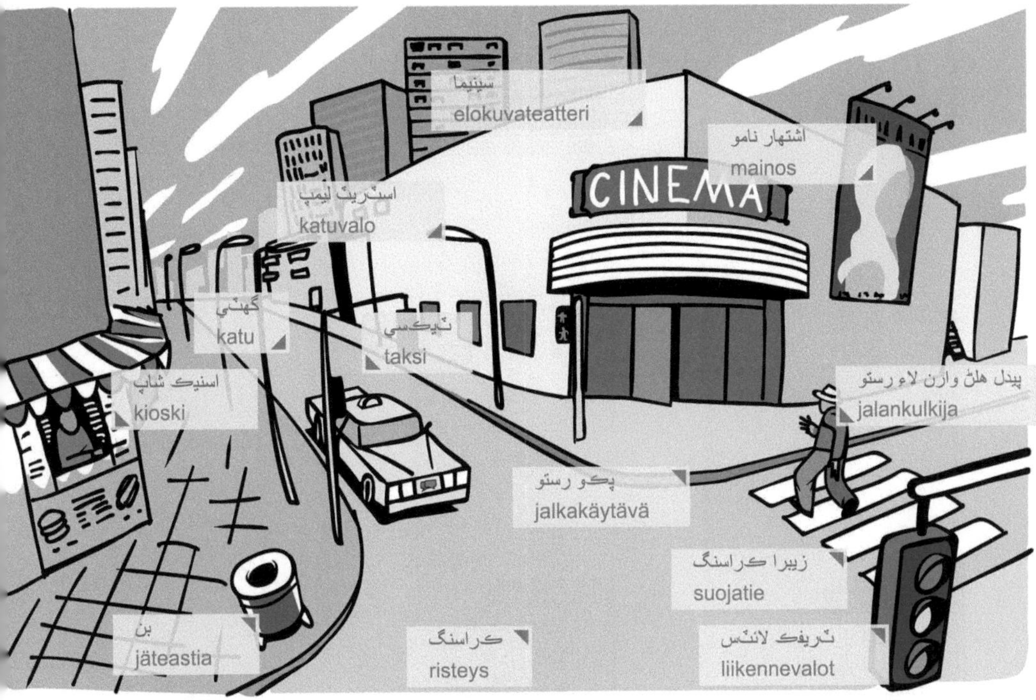
CINEMA
سینیما
elokuvateatteri
اشتهار نامو
mainos
اسٹریٹ لیمپ
katuvalo
گھٹي
katu
ٹیکسي
taksi
اسنیک شاپ
kioski
پیدل هلڻ وارن لاءِ رستو
jalankulkija
پکو رستو
jalkakäytävä
زیبرا کراسنگ
suojatie
بن
jäteastia
کراسنگ
risteys
ٹریفک لائٹس
liikennevalot

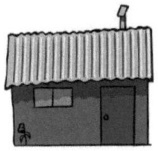

جهوپڙي

mökki

فليٽ

kerrostalo

ٹرين اسٹيشن

rautatieasema

ٹائون هال

kaupungintalo

MUSEUM

عجائب گهر

museo

اسڪول

koulu

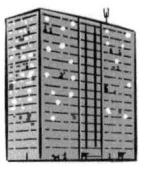

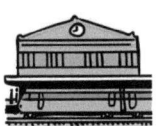

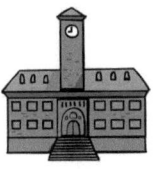

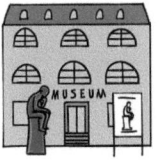

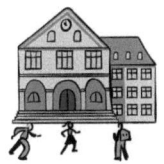

يونيورسٽي

yliopisto

بينڪ

pankki

اسپتال

sairaala

هوٽل

hotelli

فارميسي

apteekki

آفس

toimisto

ڪتابن جي ڪتاب

kirjakauppa

دڪان

liike

گلن جي دڪان

kukkakauppa

سپر مارڪيٽ

supermarketti

مارڪيٽ

tori

ڊپارٽمينٽ اسٽور

tavaratalo

مڇي جي دڪان

kalakauppias

شاپنگ سينٽر

ostoskeskus

بندرگاه

satama

پارک
puisto

بینچ
penkki

پل
silta

ٹاکن
portaat

زیر زمین میٹرو
metro

سرنگ
tunneli

بس اسٹاپ
linja-autopysäkki

شراب خانو
baari

روسٹورینٹ
ravintola

پوسٹ باکس
postilaatikko

اسٹریٹ سائن
katukyltti

پارکنگ میٹر
parkkimittari

چڑیا گھر
eläintarha

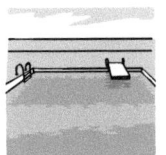

سونمنگ پول
uimala

مسجد
moskeija

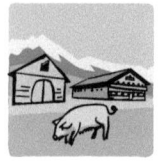

فارم
....
maatila

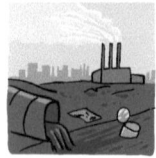

آلودگي
....
ympäristön saastuminen

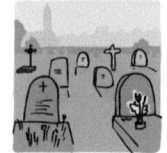

قبرستان
....
hautausmaa

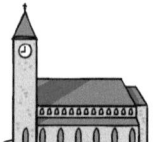

چرچ
....
kirkko

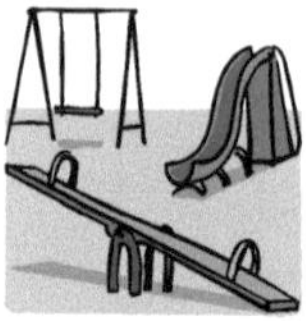

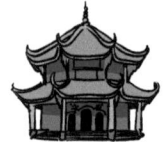

راند جو ميدان
....
leikkikenttä

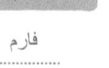

مندر
....
temppeli

زميني منظر

maisema

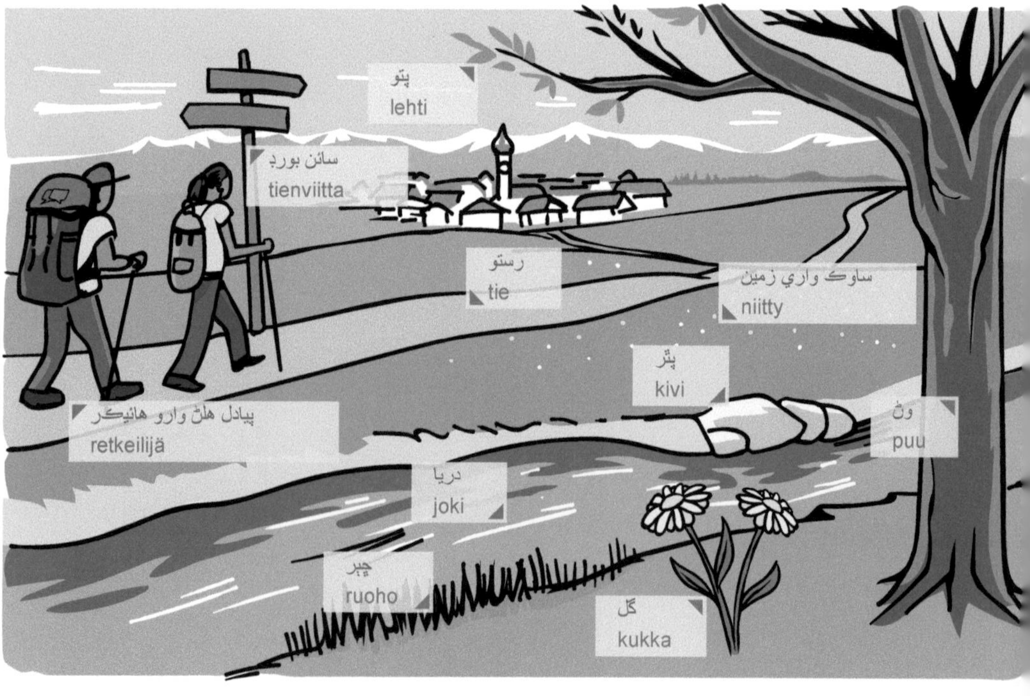

پتو
lehti
سائن بورڊ
tienviitta
رستو
tie
ساوڪ واري زمين
niitty
پٿر
kivi
پيادل هلڻ وارو هائيڪر
retkeilijä
وڻ
puu
دريا
joki
چير
ruoho
گل
kukka

وادي

laakso

جبل

vuori

ڊنيڊ

järvi

گل

metsä

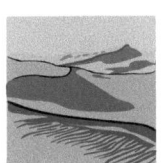

ريگستان

aavikko

آتش فشان

tulivuori

قلعو

linna

انڊلٺ

sateenkaari

کنيي

sieni

کهجي جو وڻ

palmu

مڇر

hyttynen

مک

kärpänen

ڪيولي

muurahainen

ماکي جي مک

mehiläinen

مکڙي

hämähäkki

ٹْنندِٹْ

kovakuoriainen

ڈېڈِر

sammakko

نوریزّو

orava

چاهو

siili

خرگوش

jänis

چِرو

pöllö

پکي

lintu

بدک

joutsen

سوئر

villisika

هرِڼ

peura

آمريکي هرڼ جو قسم

hirvi

بيم

pato

هوا سان هلڼ وارونّربانين

tuulimylly

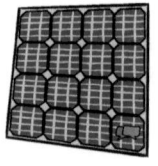

سولر پينل

aurinkopaneeli

آب و هوا

ilmasto

روسٽورينٽ
ravintola

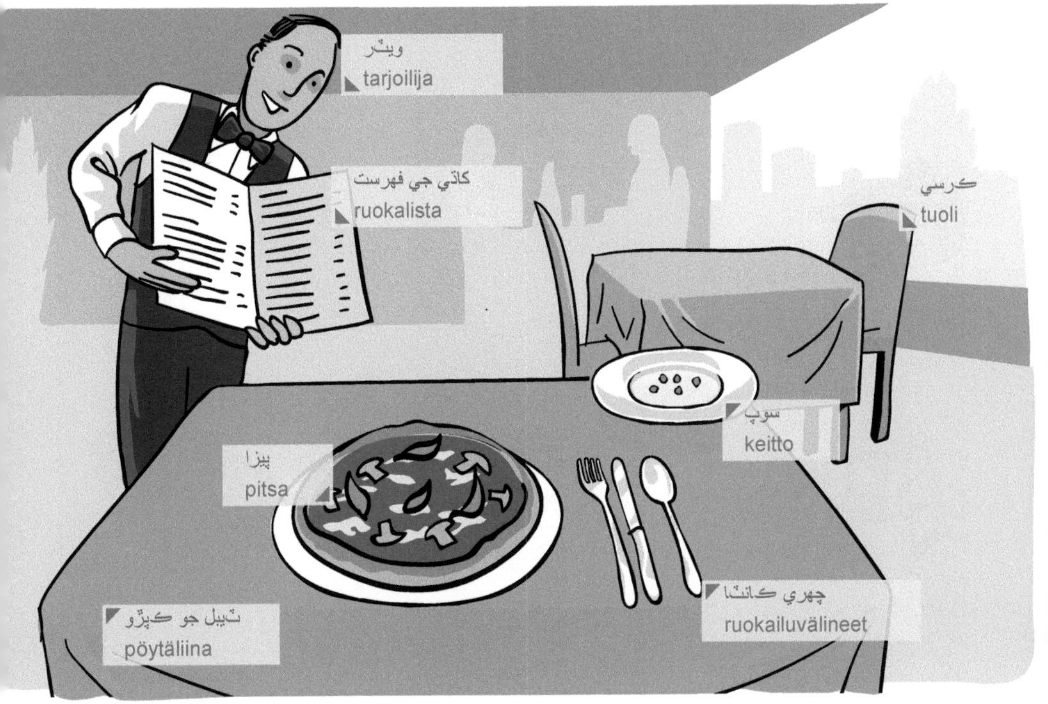

ويٽر
tarjoilija
ڪاڌي جي فهرست
ruokalista
ڪرسي
tuoli
سوپ
keitto
پيزا
pitsa
چهري ڪانٽا
ruokailuvälineet
ٽيبل جو ڪپڙو
pöytäliina

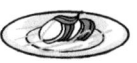

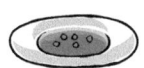

اسٽارٽر
....
alkuruoka

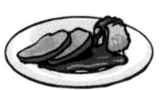

مين ڪورس
....
pääruoka

ڪاڌي ڪانپوء ڪائڻ وارو مٺو
....
jälkiruoka

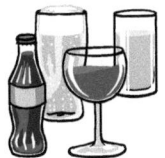

مشروب
....
juomat

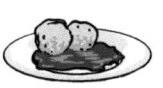

خوراڪ
....
ruoka

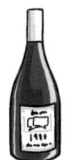

بوتل
....
pullo

فاسٹ فوڈ

pikaruoka

اسٹریٹ فوڈ

katuruoka

کیتلی

teekannu

شگر باؤل

sokeriastia

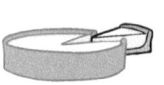

ٹکڑو

annos

ایسپریسو مشین

espressokeitin

اونچی کرسی

syöttötuoli

بل

lasku

ٹری

tarjotin

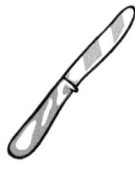

چھری

veitsi

کانٹو

haarukka

چمچ

lusikka

چانھن جو چمچو

teelusikka

سرویٹی

servietti

گلاس

lasi

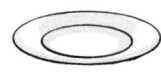

پلیٹ

lautanen

سوپ پلیٹ

syvä lautanen

ساسر

aluslautanen

چٹنی

kastike

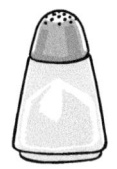

لوݨ دانی

suolasirotin

مرچ پیسݨ والو

pippurimylly

سرکو

etikka

کاݙو پچاݨ وارو تیل

öljy

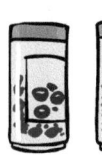

مصالحو

mausteet

کیچ اپ

ketsuppi

سرنهن

sinappi

مایونیز

majoneesi

سپر مارڪيٽ
supermarketti

خصوصي آفر
tarjous
FOR
خريدار
asiakas
ٻيري
maitotuotteet
فروٽ
hedelmät
ٽرالي
ostoskärryt

BUTCHERS

گوشت جي دڪان
teurastamo

BAKERY

بيڪري
leipomo

وزن ڪرڻ
punnita

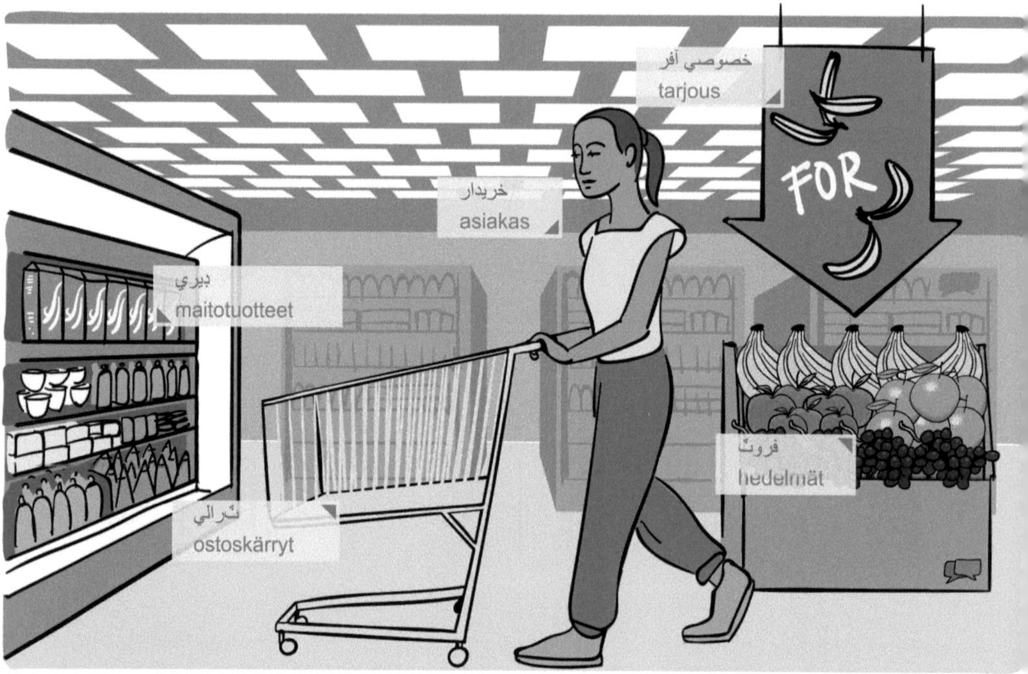

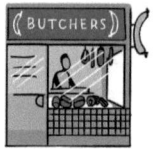

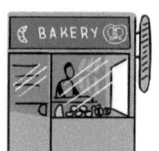

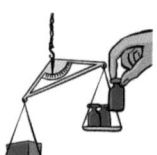

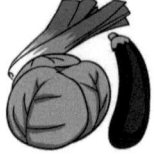

سبزيون
kasvikset

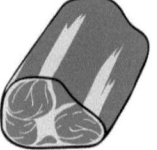

گوشت
liha

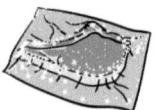

جميل کاڌو
pakasteet

سرد گوشت

leikkele

ڈبّي م بند کاڏو

säilykkeet

واشنگ پاؤڊر

pesujauhe

مٺائي

makeiset

گهريلو سامان

kotitaloustarvikkeet

صفائي كرڻ وارا پرابڪٽس

puhdistusaineet

سيلز پرسن

myyjä

ڪيش رجسٽر

kassa

خزانچي

kassanhoitaja

خريداري جي فهرست

ostoslista

اوقات ڪار

aukioloajat

پرس

lompakko

ڪريڊٽ ڪارڊ

luottokortti

بيگ

kassi

پلاسٽڪ بيگ

muovipussi

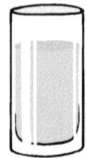

پاڼی

vesi

جوس

mehu

کیر

maito

کوک

kokis

واین

viini

بیئر

olut

الکوهل

alkoholi

کوکو

kaakao

چای

tee

کافي

kahvi

أيسپريسو

espresso

کپیوچینو

cappuccino

كيلو

banaani

صوف

omena

مالتّو

appelsiini

خربوذو

meloni

ليمون

sitruuna

گجر

porkkana

ثوم

valkosipuli

بانس

bambu

بصر

sipuli

كنيي

sieni

اخروٹ، بادام

pähkinät

نودلز

spagetti

اسپيگٽي

spagetti

چانور

riisi

سلاد

salaatti

چپس

ranskalaiset

تريل پٽاٽا

paistetut perunat

پيزا

pitsa

هيم برگر

hampurilainen

سينڈوچ

voileipä

گوشت جو ٽکرو

leike

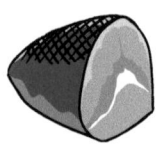

سور جي ران جو گوشت

kinkku

خشڪ گوشت

salami

ساسيج

makkara

مرغي

kana

روسٽ

paisti

مڇي

kala

جوَ جو دليا

kaurahiutaleet

ميوزلي

mysli

كارن فليكس

murot

انّو

jauho

كروسننٹ

voisarvi

بريڈ رول

sämpylä

بريڈ

leipä

ٹوسٹ

paahtoleipä

بسكٹ

keksit

مكّڻا

voi

دهي

rahka

كيڪ

kakku

انڈا

kananmuna

فرائي ٹيل انڈو

paistettu kananmuna

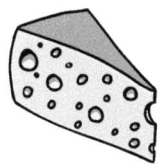

پنير

juusto

آنس كريم

jäätelö

كندِ

sokeri

ماكي

hunaja

مربو

hillo

چاكليتَ اسپريد

suklaapähkinälevite

باجي

curry

فارم هائوس
maatila

پلال جوگند
heinäpaali

گدام
lato; liiteri

زمين
pelto

گھوڙو
hevonen

ٽريلر
peräkärry

گھوڙي جو ٻچو
varsa

ٽريڪٽر
traktori

گڏهه
aasi

رڍ جو ٻچو
karitsa

رڍ
lammas

ٻڪري
vuohi

ڳئون
lehmä

ڳانو
vasikka

سؤر
sika

سؤر جو ٻچو
porsas

ڍڳو
sonni

هنس

hanhi

بدڪ

ankka

چوزا

tipu

مرغي

kana

مرغو

kukko

ڪونو

rotta

بلي

kissa

ڪونو

hiiri

ڏاند

härkä

ڪتو

koira

ڪتي جو گھر

koirankoppi

گاردن هوز

puutarhaletku

پاڻي جو ڪين

kastelukannu

ڏاٽو

viikate

هر

aura

دّاتّو

sirppi

رنبو

kuokka

دّانداري

talikko

كهاڙو

kirves

هݨ سان هلاݨ واري ريڙهي

kottikärryt

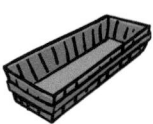

حوض

kaukalo

كير جو ڈبو

maitokannu

گوݨ

säkki

لوڙهو

aita

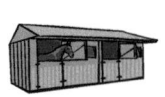

اصطبل

talli

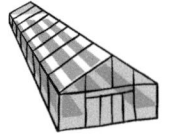

گرين هائوس

kasvihuone

مٽي

maa

ٻج

siemen

كهاد

lannoite

كمبائنڊ هارويسٽر

leikkuupuimuri

فصل كــٹـش
....
kerätä sato

فصل كــٹـش
....
sato

هك قسم جي ترکاري
....
jamssit

كـٹـک
....
vehnä

سويا
....
soija

پٹـائـو
....
peruna

مكائي
....
maissi

توري جو بج
....
rypsi

ميون جو وٹ
....
hedelmäpuu

كساوا
....
maniokki

اناج
....
vilja

چمني
savupiippu

چھت
katto

نڪاسي جو پائپ
sadevesikouru

دري
ikkuna

گيراج
autotalli

دروازي جي گھنٿي
ovikello

دروازو
ovi

ڪچري جي ٽوڪري
roska-astia

لينٽر باڪس
postilaatikko

باغ
puutarha

لوونگ روم
olohuone

غسل خانو
kylpyhuone

باورچي خانو
keittiö

بيڊروم
makuuhuone

ٻارن جو ڪمرو
lastenhuone

ڊائننگ روم
ruokahuone

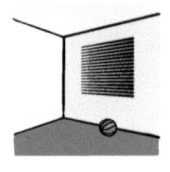

فرش

lattia

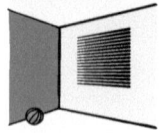

ديوار

seinä

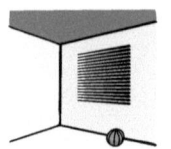

چهت

katto

تهخانو

kellari

پاک وارو غسل

sauna

بالکوني

parveke

نٹيرس

terassi

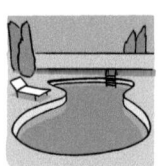

تالؤ

uima-allas

گاه کٹٹ واري مشين

ruohonleikkuri

چادر

lakana

چادر

päiväpeitto

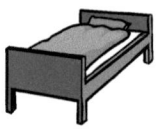

بيډ

sänky

جهاړو

harja

بالٹي

ämpäri

سونچ

katkaisin

لوونگ روم

olohuone

وال پيپر
tapetti
تصوير
kuva
ليمپ
lamppu
شيلف
hylly
الماري
kaappi
باهوواري چمني
takka
ټيليويزن
televisio
گل
kukka
کشن
tyyny
صوفو
sohva
گلدان
maljakko
ريموټ کنټرول
kaukosäädin

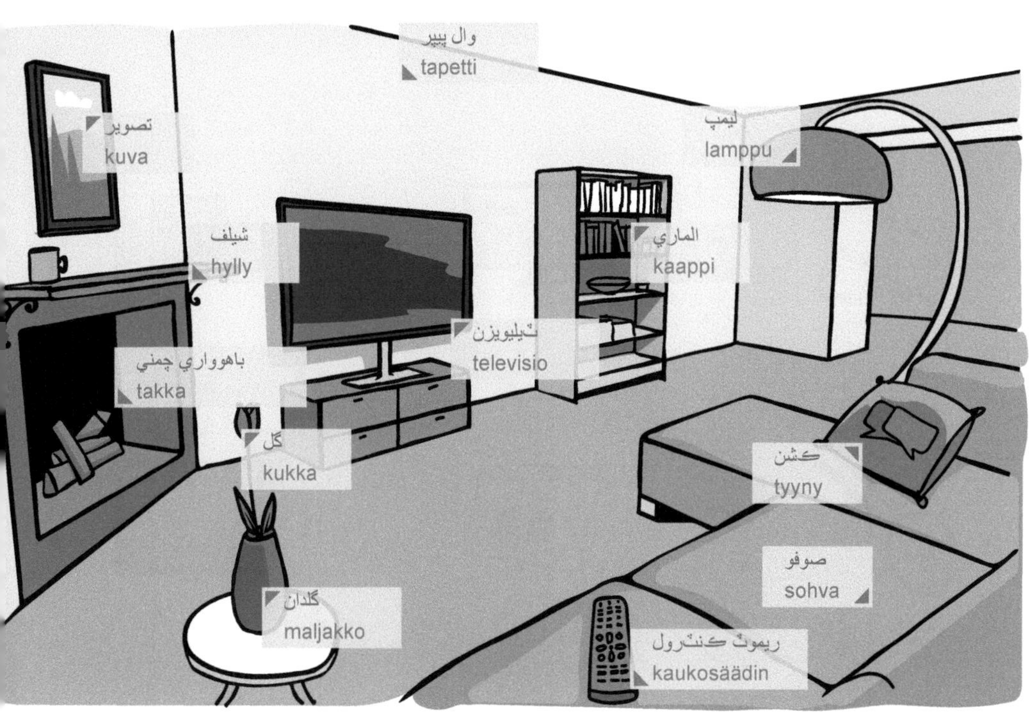

قالين

matto

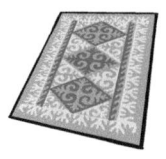

پردو

verho

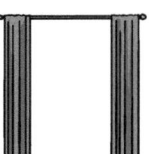

ميز

pöytä

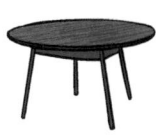

کرسي

tuoli

لڏڻ واري کرسي

keinutuoli

آرام کرسي

nojatuoli

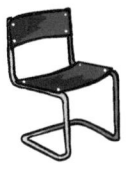

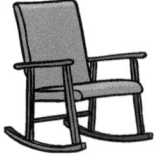

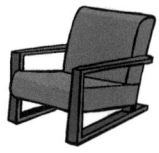

كتاب

kirja

كمبل

peitto

آرائش

koriste

پارٹ واریون كائيون

polttopuut

فلم

elokuva

هائي فائي

stereot

چابي

avain

اخبار

sanomalehti

پينٹنگ

maalaus

پوسٹر

juliste

ريڈيو

radio

نوٹ بک

muistivihko

ويكيوم كلينر

pölynimuri

ٹوهر جو ٻوٹو

kaktus

ميڻ بتي

kynttilä

باورچي خانو
keittiö

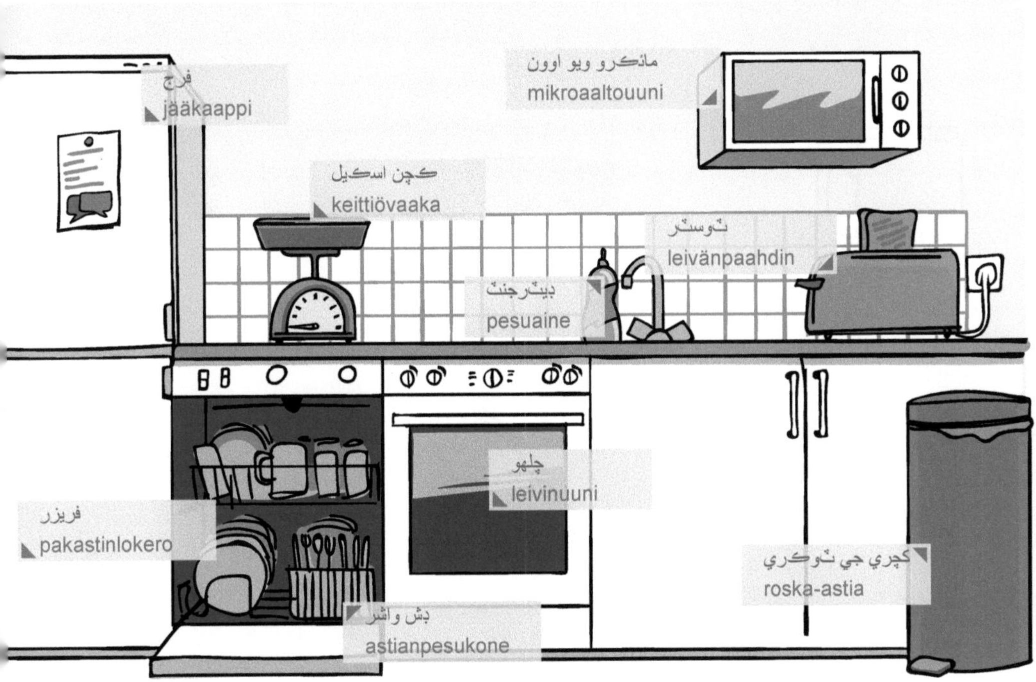

فرج
jääkaappi
مائڪرو ويو اوون
mikroaaltouuni
ڪچن اسڪيل
keittiövaaka
ٽوسٽر
leivänpaahdin
ديٽرجنٽ
pesuaine
چلهو
leivinuuni
فريزر
pakastinlokero
ڪچري جي ٽوڪري
roska-astia
ڊش واشر
astianpesukone

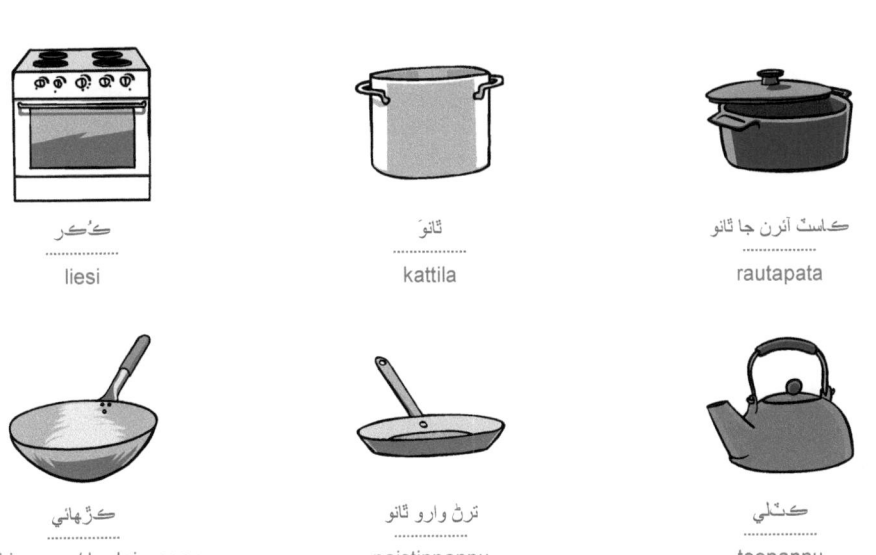

ڪُڪر

liesi

ٿانوَ

kattila

ڪاسٽ آئرن جا ٿانو

rautapata

ڪڙهائي

vokkipannu / kadai-pannu

ترڻ وارو ٿانو

paistinpannu

ڪيٽلي

teepannu

اسٹیمر

höyrykeitin

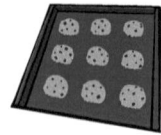

بیکنگ ٹری

uunipelti

کراکري

astiat

مگ

muki

پیالو

kulho

چاپ اسٹکس

syömäpuikot

ڈونی

kauha

ٹفٹی

paistinlasta

سبزي مكسر

vispilä

چھاٹی

siivilä

چھاٹی

siivilä

کدو کش وارو اوزار

raastin

اکري

mortteli

بار بي کیو

grilli

کلیل باھ

avotuli

سبزي کٹش وارو بورڈ

leikkuulauta

ویلڻ

kaulin

کارک اسکریو

korkinavaaja

کین

purkki

کین اوپنر

purkinavaaja

ٿانوَ پکڙڻ وارو کپڙو

pannulappu

سنڪ

lavuaari

برش

tiskiharja

اسفنج

pesusieni

بلينڊر

tehosekoitin

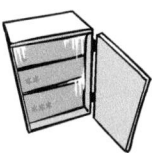

ڊيپ فريزر

pakastin

بار جي بوتل

tuttipullo

نل

vesihana

شاور
suihku

هيتنگ
lämmitys

تّوال
pyyhe

شاور كرتّين
suihkuverho

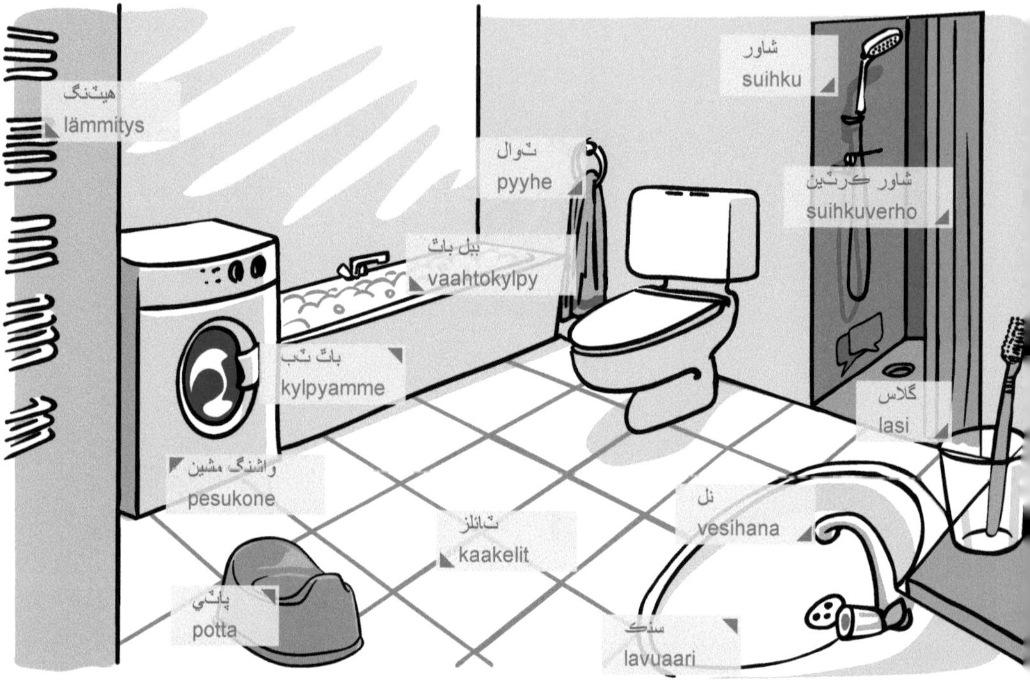

بيل باتّ
vaahtokylpy

باتّ تّب
kylpyamme

واشنگ مشين
pesukone

گلاس
lasi

تّائلز
kaakelit

نل
vesihana

پاتّي
potta

سدكّ
lavuaari

تّائلتّ
....
vessa

اوكزّو ويهڻ وارو تّوائلتّ
....
kyykkyvessa

شرم گاه ڈوئڻ وارو تّب
....
bidee

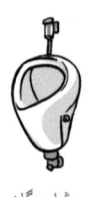

پيشاب گاه
....
pisuaari

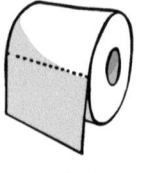

تّائلتّ پيپر
....
vessapaperi

تّائلتّ برش
....
vessaharja

برشّ توّنّ

hammasharja

پیستّ توّنّ

hammastahna

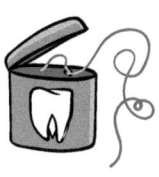

فلاس دینتّل

hammaslanka

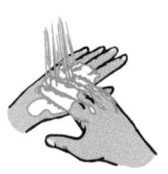

ژوتّ

pestä

شاور هیند

käsisuihku

شاور

intiimisuihku

برش بیک

pesuvati

برش بیک

selkäharja

صابن

saippua

شاور جیل

suihkugeeli

شیمپو

shampoo

فلالین

pesulappu

بدرین

viemäri

کریم

voide

دیودورنتّ

deodorantti

آئينو

peili

هتّ م پکړښ وارو آئينو

käsipeili

ريزر

partaveitsi

شيونگ فوم

partavaahto

آفتّر شيو

partavesi

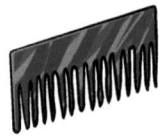

ڼّي

kampa

برښ

harja

هيئر ډرائير

hiustenkuivaaja

هيئر اسپري

hiuslakka

ميک اپ

meikki

سرخي

huulipuna

نيل وارنش

kynsilakka

کپه

pumpuli

نيل سيزر

kynsisakset

پرفيوم

hajuvesi

واش بيگ

kosmetiikkalaukku

استول

jakkara

وزن كرڻ واري مشين

vaaka

باٿ روب

kylpytakki

ربڙ جا دستانا

kumihansikkaat

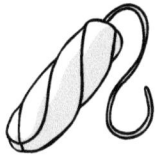

ٽيمپون

tamponi

صفائي وارو ٽاول

terveysside

كيمياڻي ٽوائلٽ

kemiallinen wc

ٻارن جو ڪمرو
lastenhuone

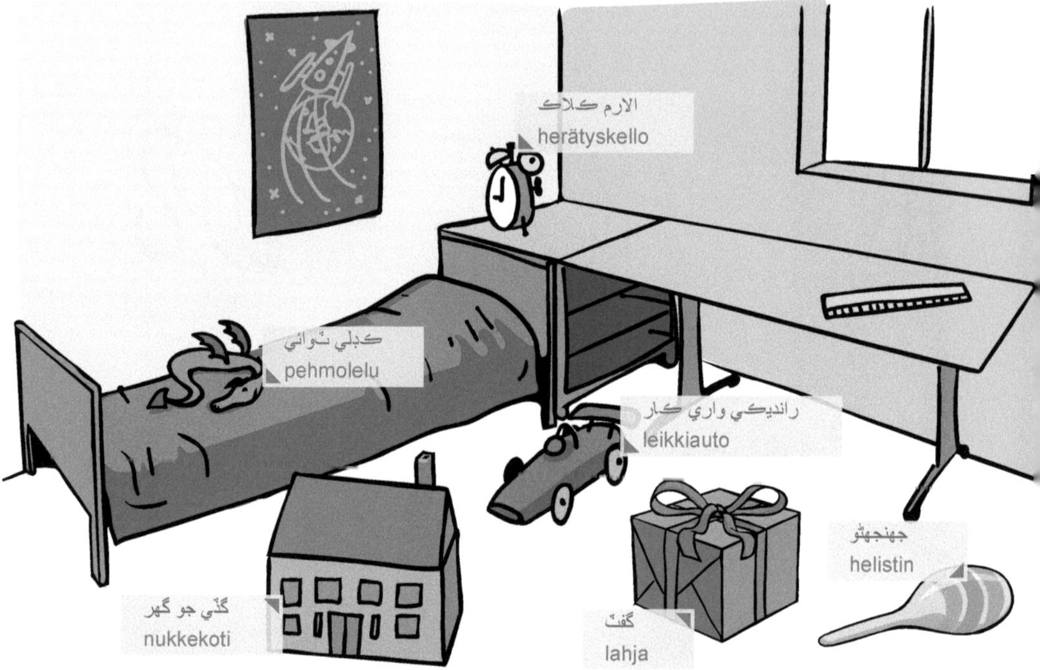

الارم ڪلاڪ
herätyskello
ڪدلي ٽوائي
pehmolelu
رانديڪي واري ڪار
leikkiauto
جهنجهٽو
helistin
گڏي جو گهر
nukkekoti
گفٽ
lahja

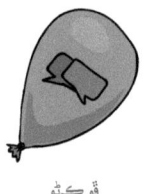

ڦوڪڻو

ilmapallo

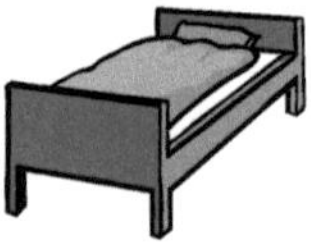

بيڊ

sänky

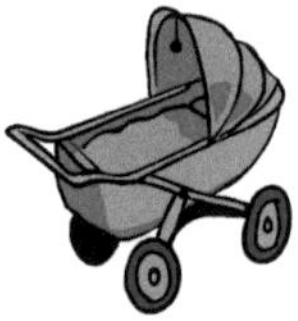

ٻار جي ڳاڏي

lastenvaunut

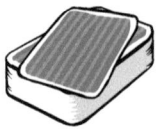

ڊيڪ آف ڪارڊز

korttipeli

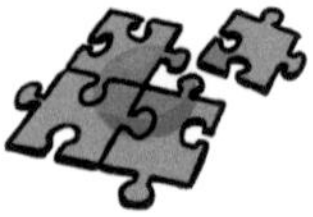

جگسا

palapeli

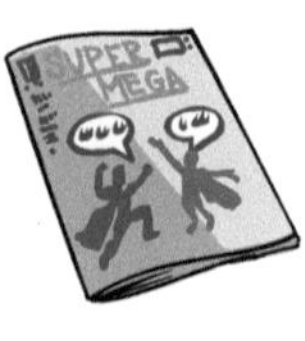

SUPER
MEGA

ڪامڪ

sarjakuva

ليگويبرگس

legopalikat

رانديكن وارا بلاكس

rakennuspalikat

ايكشن فگر

supersankari

بيبي گرو

potkupuku

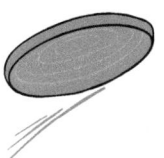

فرسبي

frisbee

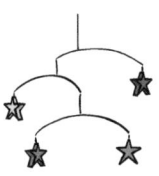

رانديكي واري موبائل

mobile

بورڊ گيم

lautapeli

چهكو

noppa

مابل ٽين سيٽ

pienoisjunarata

بارن جي چوسڻ واري نپل

tutti

پارٽي

juhlat

تصوير واري كتاب

kuvakirja

بال

pallo

گڏي

nukke

كيڏڻ

leikkiä

بارن جو كمرو - lastenhuone

43

سيندپت

hiekkalaatikko

جهولا

keinu

رانديكا

lelut

وبيو گيم كنسول

pelikonsoli

نّن قيّن واري سائيكل

kolmipyörä

ٹيدي بينر

nalle

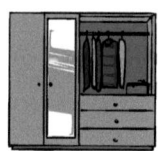

كپڑن جي الماري

vaatekaappi

لباس

vaatteet

جرابا

sukat

اسٹاكنگز

nylonsukat

ٹائٹس

sukkahousut

اسكارف
kaulaliina

چتري
sateenvarjo

نټي شرټ
t-paita

بيلټ
vyö

چپل
sisätossut

بوټ
saappaat

جاګر شوز
lenkkarit

سيندل
sandaalit

جوتا
kengät

ربړ جا بوټ
kumisaappaat

اندرپيننټس
alushousut

بريزر
rintaliivit

واسكټ
aluspaita

جسم

body

پتلون

housut

جينز پينٹ

farkut

اسکرٹ

hame

چولو

pusero

قميص

paita

جرسي

villapaita

هودي

collegepaita

بليزر

jakku

جيکٹ

takki

کوٹ

takki

بارش م پائٹ وارو کوٹ

sadetakki

پوشاک

puku

لباس

mekko

شادي جولباس

hääpuku

سوٽ

puku

نائٽ گاؤن

yöpaita

پاجامو

pyjama

ساڙي

shari

مٿي تي بڌل وارو اسڪارف

päähuivi

پڳڙي

turbaani

برقعو

burka

ڪفتان

kaftaani

عبايو

abaya

تيراڪي جو لباس

uimapuku

چڊي

uimahousut

نيڪر

shortsit

ٽريڪ سوٽ

verkkarit

ايپرن

esiliina

دستانا

käsineet

بٹْش
....
nappi

چْشمو
....
silmälasit

بريسليٹ
....
rannekoru

هار
....
kaulakoru

منڈي
....
sormus

واليون
....
korvakoru

ٹوپي
....
lippalakki

كوٹ هينگر
....
ripustin

ٹوپي
....
hattu

ٹائي
....
solmio

زپ
....
vetoketju

هيلمٹ
....
kypärä

بريسز
....
henkselit

اسكول يونيفارم
....
koulupuku

وردي
....
univormu

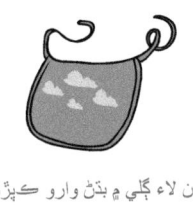

ٻارن لاءِ ڳلي ۾ ٻڌڻ وارو ڪپڙو
....
ruokalappu

ٻارن جي چوسڻ واري نپل
....
tutti

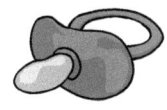

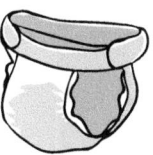

ڪڇو
....
vaippa

آفس
toimisto

سرور
palvelin
فائلن جي الماري
asiakirjakaappi
پرنٽر
tulostin
ڪاغذ
paperi
مانيٽر
näyttö
ماؤس
hiiri
ميز
kirjoituspöytä
فولڊر
kansio
ڪي بورڊ
näppäimistö
ردي جي ٽوڪري
roskakori
ڪمپيوٽر
tietokone
ڪافي مگ
tuoli

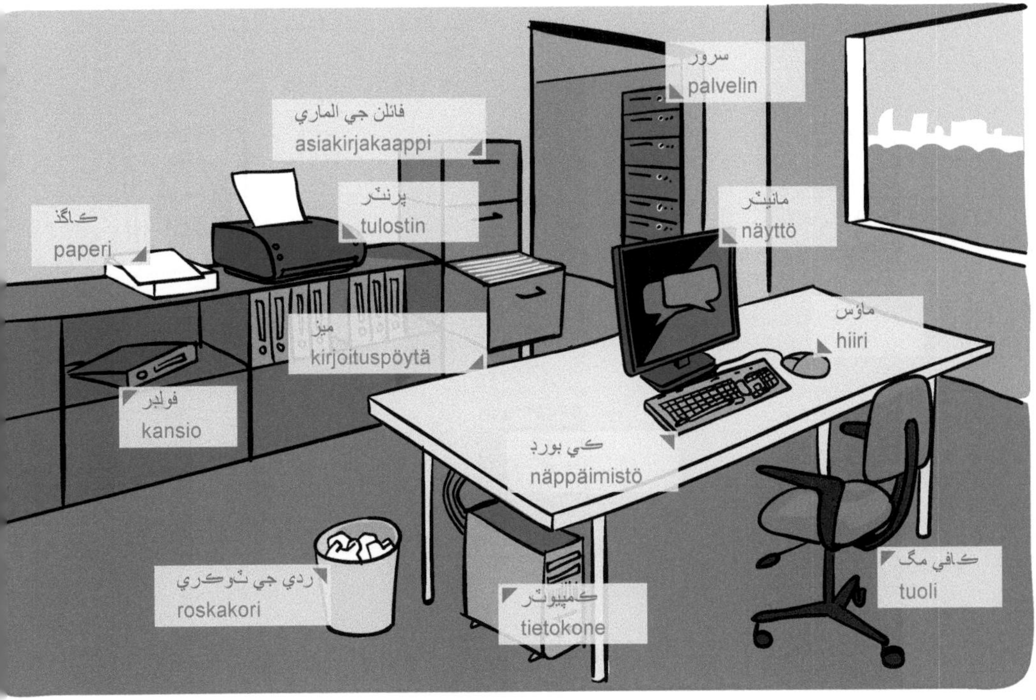

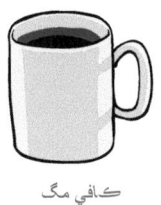

ڪافي مگ
....
kahvimuki

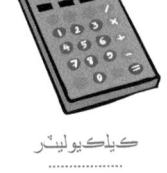

ڪيلڪيوليٽر
....
taskulaskin

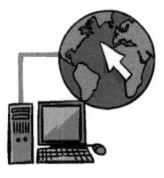

انٽرنيٽ
....
internet

لیپ ٹاپ

kannettava tietokone

خط

kirje

پیغام

viesti

موبائل

kännykkä

نیٹ ورک

verkko

فوٹو کاپي کرنے واري مشین

kopiokone

سافٹ ویئر

ohjelmisto

ٹیلي فون

puhelin

پلگ ساکٹ

pistorasia

فیکس مشین

faksi

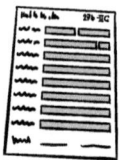

فارم

lomake

دستاویز

asiakirja

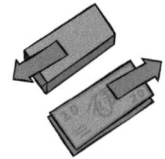

خرید کرݨ

ostaa

ادا کرݨ

maksaa

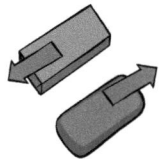

صاف کرݨ

vaihtaa

پیسا

raha

ڈالر

dollari

یورو

euro

یین

jeni

روبل

rupla

سونس فرانک

frangi

رینمنیبی یوآن

renminbi juan

روپیو

rupia

کیݰ پوائنٹ

pankkiautomaatti

رقم تبديل كرائٹ جي أفيس

rahanvaihto

سون

kulta

چاندي

hopea

خام تیل

öljy

توانائي

energia

قيمت

hinta

معاهدو

sopimus

سٔيکس

vero

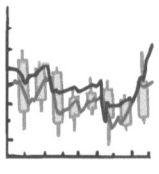

ذخيرو

osake

كم كرٹ

työskennellä

ملازم

työntekijä

أجر

työnantaja

فيكٹري

tehdas

دكان

liike

پیشو

ammatit

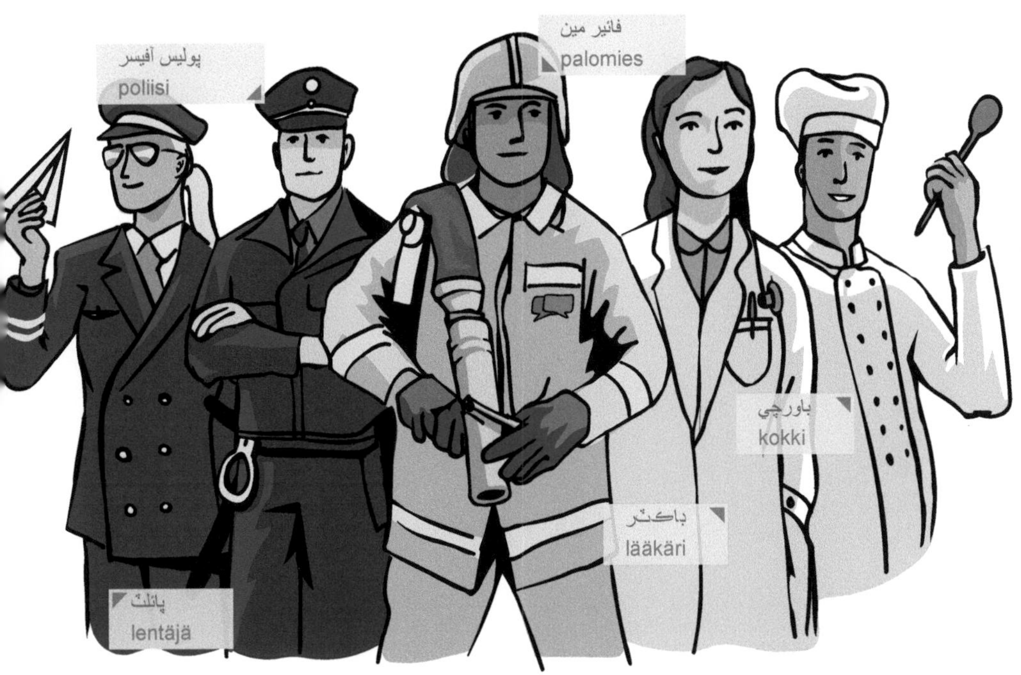
پولیس آفیسر
poliisi
فائیر مین
palomies
باورچي
kokki
ډاکټر
lääkäri
پائلټ
lentäjä

مالي
....
puutarhuri

وایو
....
puuseppä

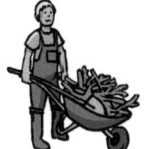

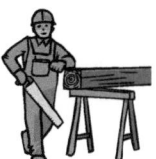

درزن
....
ompelija

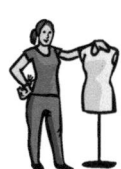

جج
....
tuomari

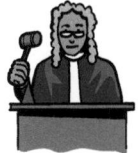

کیمیسټ
....
kemisti

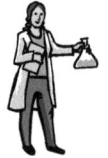

اداکار
....
näyttelijä

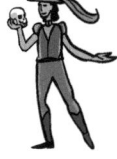

بس ڈرائيور

linja-autonkuljettaja

ٹيکسي ڈرائيور

taksinkuljettaja

مچھي مارڻ وارو

kalastaja

صفائي ڪرڻ واري ماني

siivooja

چھت ٺاهڻ وارو

katontekijä

ويٽر

tarjoilija

شڪاري

metsästäjä

رنگ ساز

maalari

نانوائي

leipuri

اليڪٽريشن

sähköasentaja

بلدر

rakentaja

انجنيئر

insinööri

ڪاسائي

teurastaja

پلمبر

putkiasentaja

پوسٽ مين

postinjakaja

سپاهي

sotilas

آرکيټيکټ

arkkitehti

خزانچي

kassanhoitaja

گل کپاڼ وارو

floristi

نائي

kampaaja

کنډکټر

konduktööri

مکينک

mekaanikko

کپتان

kapteeni

ډينټسټ

hammaslääkäri

سائنسدان

tiedemies

يهودي عالم

rabbi

امام

imaami

راهب

munkki

پادري

pappi

اوزار

työkalut

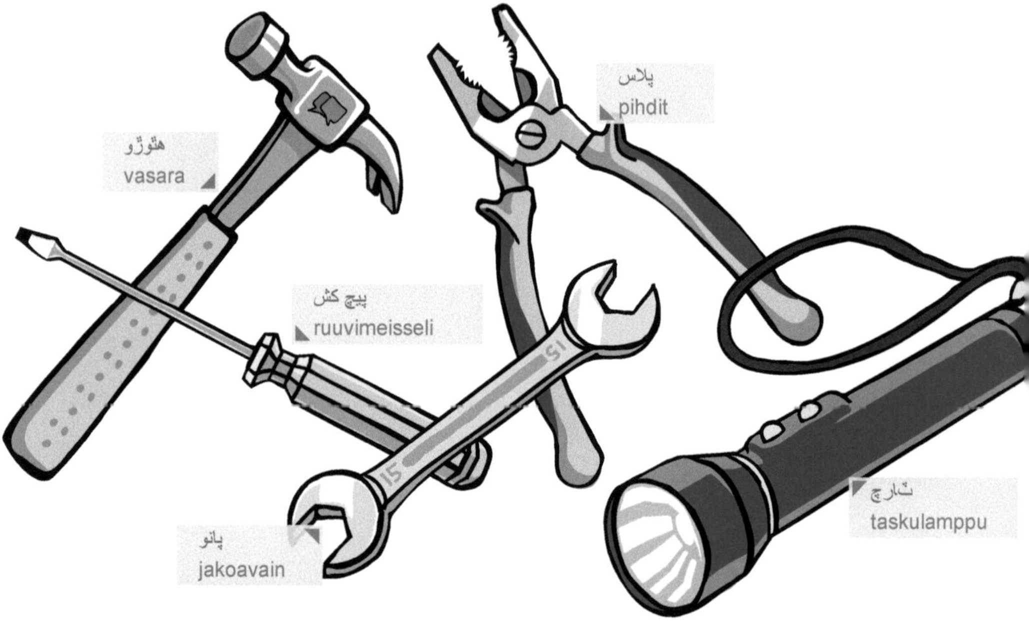

هٹوڑو
vasara
پلاس
pihdit
پيچ کش
ruuvimeisseli
پانو
jakoavain
ٹارچ
taskulamppu

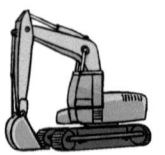

ايکسکويٹر

kaivinkone

ٹول باکس

työkalupakki

ڈاکڑ

tikkaat

آري

saha

کوکو

naulat

برل

pora

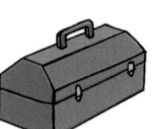

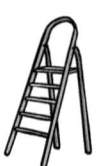

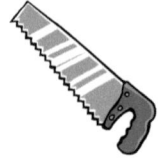

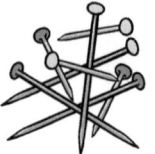

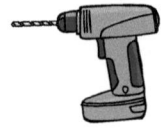

مرمت کرڻ

korjata

بيلچو

lapio

لعنت هجي!

Hitto!

ڪچري دان

rikkalapio

پينٽ وارو دٻو

maalipurkki

پيچ

ruuvit

پیانو

piano

وائلن

viulu

گیتار

basso

تٚمپاني

patarummut

درم

rumpu

کي بورد

kosketinsoitin

سیکوفون

saksofoni

بانسري

huilu

مائیکروفون

mikrofoni

چڙيا گهر

eläintarha

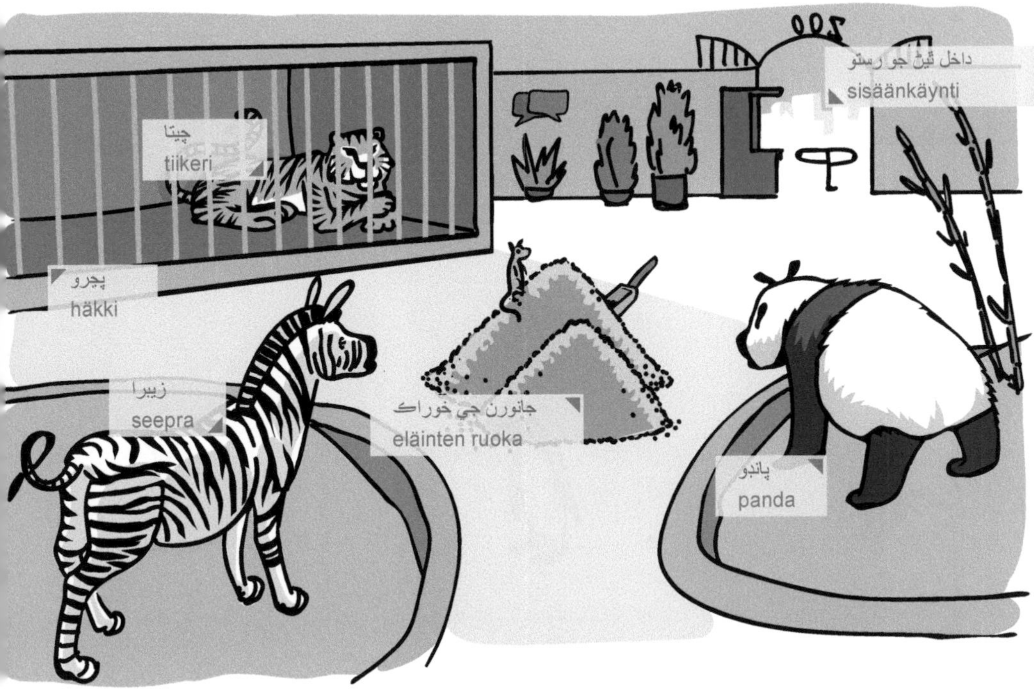

داخل ٿيڻ جو رستو
sisäänkäynti
چيتا
tiikeri
پڃرو
häkki
زيبرا
seepra
جانورن جي خوراڪ
eläinten ruoka
پانڊو
panda

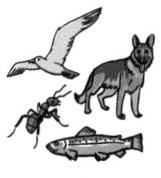

جانور

eläimet

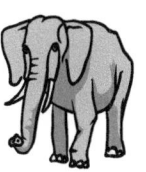

هاٿي

norsu

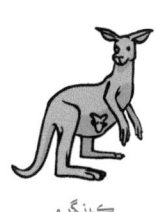

ڪينگرو

kenguru

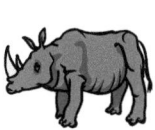

گينڊو

sarvikuono

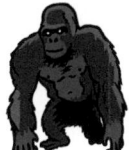

گوريلو

gorilla

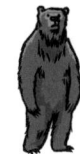

رڇ

karhu

اٺ

kameli

شُتر مرغ

strutsi

ٽينهن

leijona

پولڙو

apina

فليمنگو

flamingo

طوطو

papukaija

برفاني رڇ

jääkarhu

ڪبوتر

pingviini

شارڪ

hai

مور

riikinkukko

نانگ

käärme

واڳون

krokotiili

چڙيا گهر جو محافظ

eläintarhanhoitaja

گوج مڇي

hylje

چيتو

jaguaari

ٹٹّون

poni

چيتو

leopardi

درياني گھوڑو

virtahepo

چرزاف

kirahvi

باز

kotka

سوئر

villisika

مِچي

kala

كمي

kilpikonna

ساموندي گھوڑو

mursu

لومڑي

kettu

هرڼ

gaselli

آمریکن فوتبال
amerikkalainen jalkapallo

سائکلنگ
pyöräily

تنیس
tennis

باسکت بال
koripallo

تیراکی
uinti

أنس هاكي
jääkiekko

باکسنگ
nyrkkeily

فوتبال
jalkapallo

بیندمننتن
sulkapallo

ایتهلیتکس
yleisurheilu

هینڈ بال
käsipallo

اسکیینگ
hiihto

پولو
poolo

سرگرميون

aktiviteetit

ٽپو ڏيڻ
hypätä
ڀاکر پائڻ
halata
کلڻ
nauraa
هلڻ
kävellä
گانو ڳائڻ
laulaa
خواب ڏسڻ
unelmoida
دعا ڪرڻ
rukoilla
چمي ڏيڻ
suudella

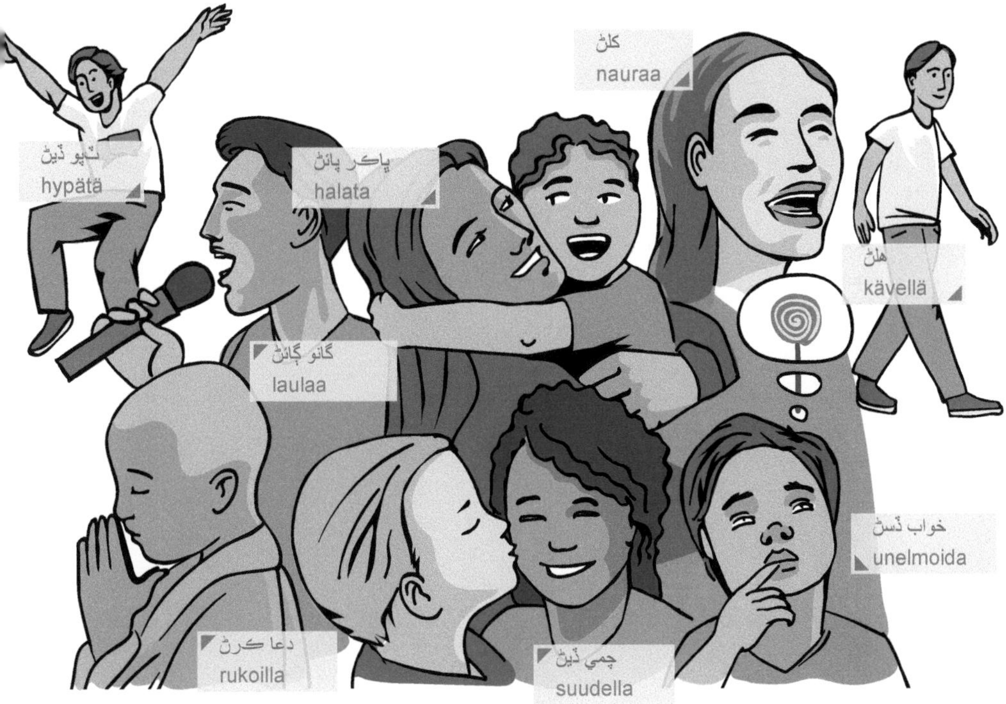

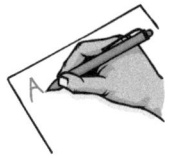

لکڻ

kirjoittaa

تصوير ڪشي ڪرڻ

piirtää

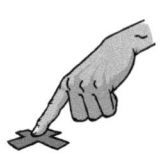

ڏيکارڻ

näyttää

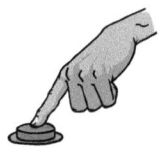

ڌڪو ڏيڻ

painaa

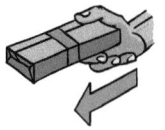

ڏيڻ

antaa

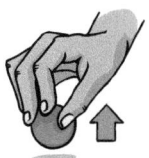

وٺڻ

ottaa

رکھ

omistaa

کرنا

tehdä

ٹیٹ

olla

بیھٹ

seisoa

پچٹ

juosta

چکنا

vetää

اچلانا

heittää

کرنا

kaatua

کوڑ گالھانا

maata

انداظار کرنا

odottaa

کٹّی وجن

kantaa

ویھٹ

istua

تیار ٹیٹ

pukeutua

سمنھٹ

nukkua

جاگٹ

herätä

ڈَسݨ

katsoa

رونݨ

itkeä

ڈَک ھَݨ

silittää

کَنگي کرݨ

kammata

ڳَالھائݨ

puhua

سمجھݨ

ymmärtää

پُچھݨ

kysyä

بَݨ

kuunnella

پيݨ

juoda

کائݨ

syödä

صاف کرݨ

siivota

پيار کرݨ

rakastaa

پچائݨ

keittää

ڳَاڈّي ھلائݨ

ajaa

اُڈّݨ

lentää

بحري سفر کرنا

purjehtia

حساب کرنا

laskea

پڑھنا

lukea

سکنا

oppia

کم کرنا

työskennellä

شادي کرنا

mennä naimisiin

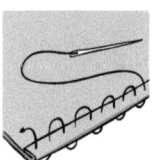

سينا

ommella

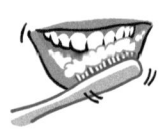

دَندن کي برش کرنا

pestä hampaat

قتل کرنا

tappaa

سگریٹ پينا

tupakoida

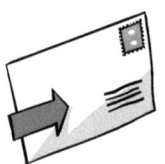

موکلنا

lähettää

نانّي يا ناني
mummo

نانّو يا نانو
ukki

ماءُ
äiti

پي
isä

پار
vauva

تي
tytär

پټ
poika

مهمان
....
vieras

چاچي
....
täti

چاچو
....
setä

ياءُ
....
veli

پيٹ
....
sisko

جسم
vartalo

پيشاني
otsa
اک
silmä
ڪلهو
olkapää
آڱر
sormet
منهن
kasvot
کاڏي
leuka
هٿ
käsi
ڇاتي
rinta
ٽنگ
jalka
ٻانهن
käsivarsi

ٻار

vauva

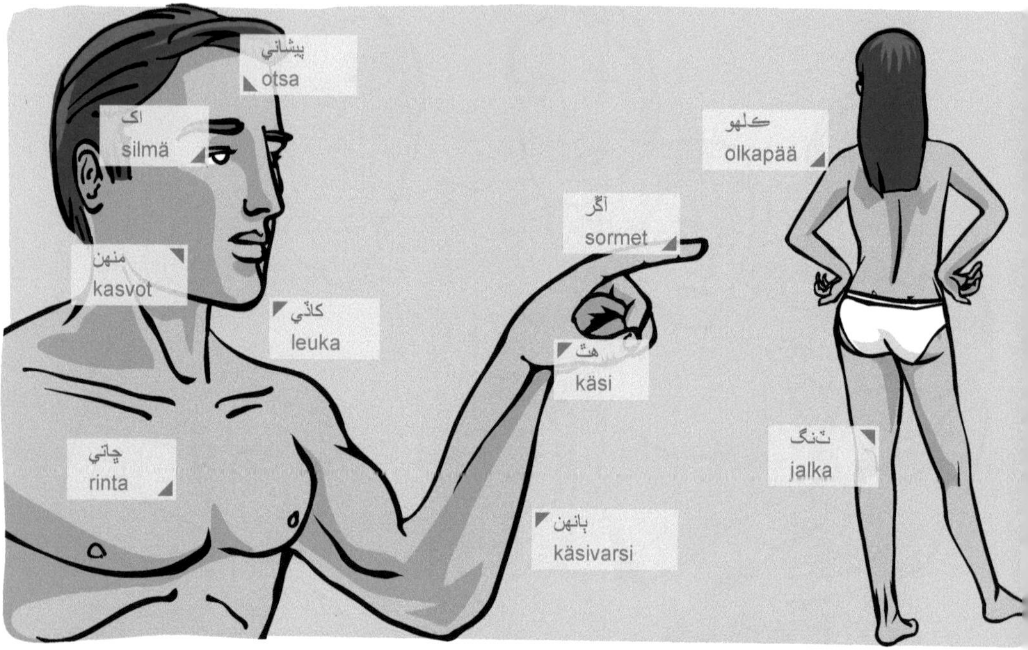

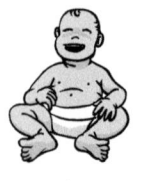

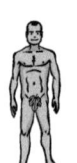

ماڻهون

mies

عورت

nainen

ڇوڪري

tyttö

ڇوڪرو

poika

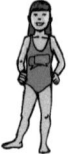

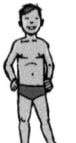

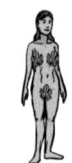

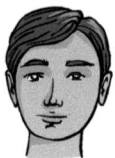

مٿو

pää

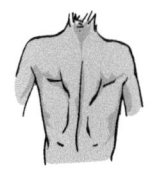

پُٻي

selkä

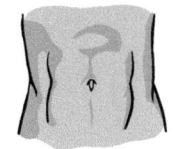

پيٽ

maha

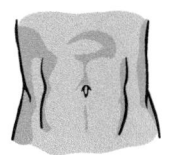

دن

napa

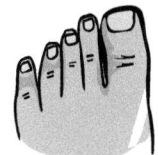

پير جو آڱوٺو

varvas

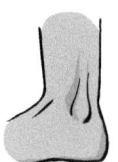

کڙي

kantapää

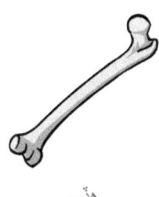

هڏّي

luu

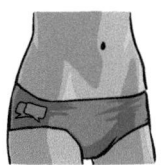

ٻنڊڻ

lantio

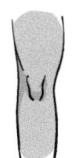

گوڏو

polvi

ٿُونٺ

kyynärpää

نڪ

nenä

هيٺھيون حصو

takapuoli

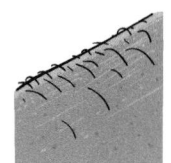

کل

iho

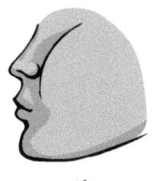

ڳل

poski

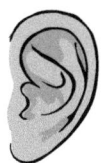

ڪن

korva

چپ

huuli

وات
....
suu

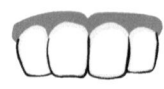

ڈند
....
hammas

زبان
....
kieli

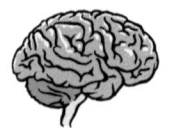

دماغ
....
aivot

دل
....
sydän

ڈورو
....
lihas

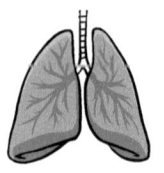

پقڑ
....
keuhkot

جگر
....
maksa

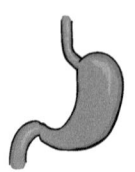

معدو
....
vatsa

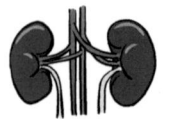

گردا
....
munuaiset

جماع کرڈ
....
seksi

کنڈوم
....
kondomi

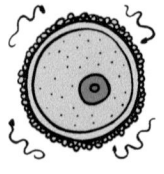

بیضہ
....
munasolu

منی
....
sperma

حمل
....
raskaus

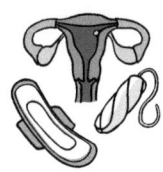

حيض

....

kuukautiset

ٻچيداني جي نالي

....

vagina

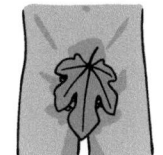

مردانو مخصوص عضوو

....

penis

پرون

....

kulmakarvat

وار

....

hiukset

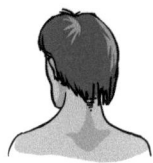

ڳچي

....

niska

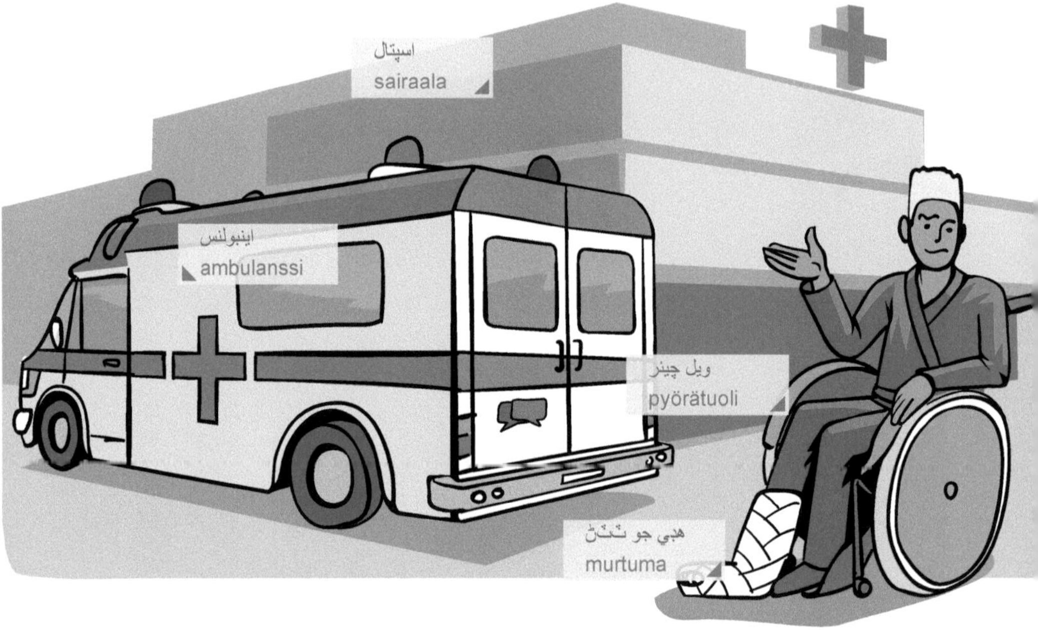

اسپتال
sairaala

اينبولنس
ambulanssi

ویل چینر
pyörätuoli

ہڈي جو ٹوٹن
murtuma

باکنر
lääkäri

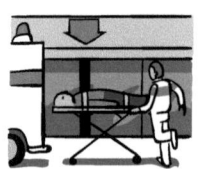
ہنگامي کمرو
ensiapu

نرس
sairaanhoitaja

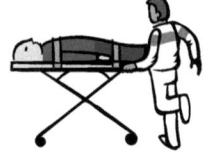
ایکسري
hätätilanne

بیہوش
tajuton

سور
kipu

زخم

vamma

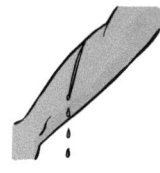

وهڻ رت

verenvuoto

ورو دل جو درد

sydänkohtaus

فالج

aivoinfarkti

الرجي

allergia

کنگهه

yskä

بخار

kuume

زکام

flunssa

دست

ripuli

سور جو مٿي

päänsärky

کينسر

syöpä

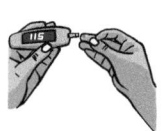

ذيابيطس

diabetes

سرجن

kirurgi

جراحي بليڊ

veitsi

آپريشن

leikkaus

سي ٽِي

ct

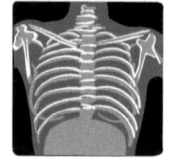

ايڪسري

röntgen

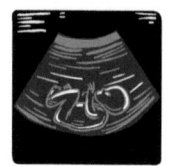

الٽراساؤنڊ

ultraääni

منهن جي ماسڪ

maski

بيماري

sairaus

انتظار ڪرڻ جو ڪمرو

odotushuone

بيساکِهي

sauva

پالاسٽر

laastari

پٽِي

side

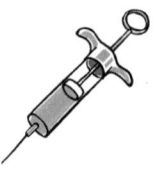

انجيڪشن

pistos

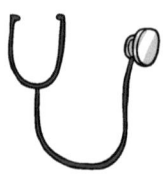

اسٽيٿهوسڪوپ

stetoskooppi

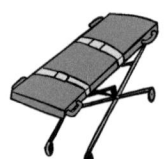

اسٽريچر

paarit

ٿرماميٽر

kuumemittari

پيدائش

syntymä

مونڀاپو

ylipaino

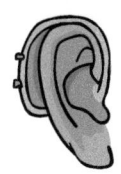

پڈڑ واري ڈیوائس

kuulolaite

جراثیم کش

desinfiointiaine

انفیکشن

infektio

وائرس

virus

ایچ آئی وی / ایڈز

HIV / AIDS

دوا

lääke

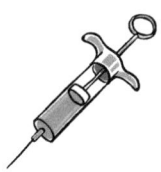

ویکسینیشن

rokotus

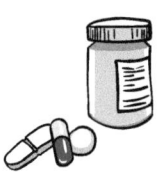

ٹکی

tabletit

گولی

pilleri

ہنگامی کال

hätäpuhelu

بلڈ پریشر مانیٹر

verenpainemittari

بیمار / صحت

sairas / terve

مدد

Apua!

الارم

hälytys

جسماني حملو ڪرڻ

ryöstö

حملو ڪرڻ

hyökkäys

خطره

vaara

هنگامي حالت ۾ نڪرڻ جو رستو

hätäuloskäynti

باه

Tulipalo!

باه وسائل جو اوزار

palosammutin

حادثو

onnettomuus

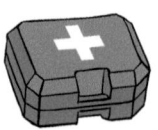

ابتدائي طبي امداد

ensiapulaukku

ايس او ايس

SOS

پوليس

poliisilaitos

یورپ

Eurooppa

اتر آمریکا

Pohjois-Amerikka

ڈکٹ آمریکا

Etelä-Amerikka

آفریقا

Afrikka

ایشیا

Aasia

آسٹریلیا

Australia

اٹلانٹک

Atlantin valtameri

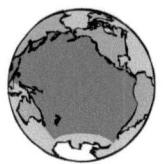

پیسفک

Tyynimeri

بحر ہند

Intian valtameri

انٹارکٹک سمندر

Eteläinen jäämeri

آرکٹک سمندر

Pohjoinen jäämeri

اتر قطب

pohjoisnapa

ڈکٹ قطب
....
etelänapa

انٹارکٹیکا
....
Antarktis

زمین
....
maa

زمین
....
maa

سمندر
....
meri

جزیرو
....
saari

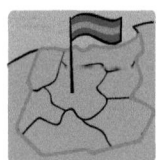

قوم
....
kansa

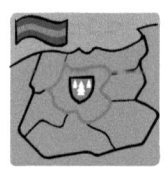

ریاست
....
osavaltio

وصّو سامهون جو گهڙي

kellotaulu

كلاك واري سوئي

tuntiviisari

منٽ واري سوئي

minuuttiviisari

سيكندن واري سوئي

sekuntiviisari

ڪٽائم گهڻو ٿيو آهي؟

Paljonko kello on?

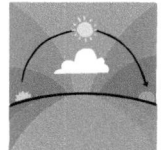

ڏينهن

päivä

وقت

aika

هاڻي

nyt

ڊجيٽل گهڙي

digitaalikello

منٽ

minuutti

كلاك

tunti

viikko

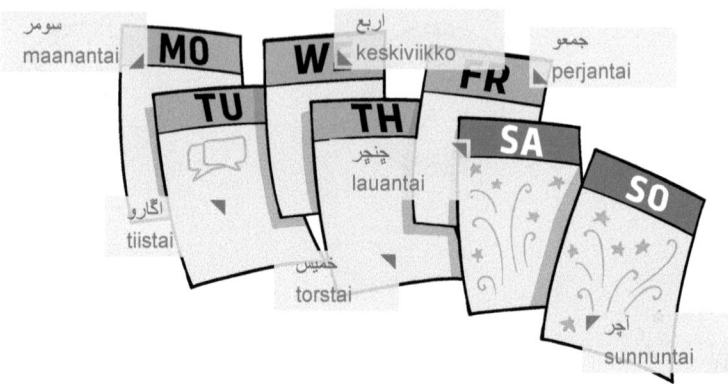

سومر
maanantai

اربع keskiviikko

جمعو
perjantai

اگارو
tiistai

چنڇر
lauantai

خميس
torstai

sunnuntai

كله
eilen

اڃ
tänään

سياڻي
huomenna

صبح
aamu

منجهند
keskipäivä

شام
ilta

كاروباري ڏينهن
työpäivät

هفتي جو آخر
viikonloppu

سال

vuosi

برسات
sade
انڊلٺ
sateenkaari
برف
lumi
هوا
tuuli
بهار
kevät
خزان
syksy
گرمي جي موسم
kesä
سردي جي موسم
talvi

4.APRIL 11°
5.APRIL 4°
6.APRIL 13°
7.APRIL 8°
8.APRIL 10°

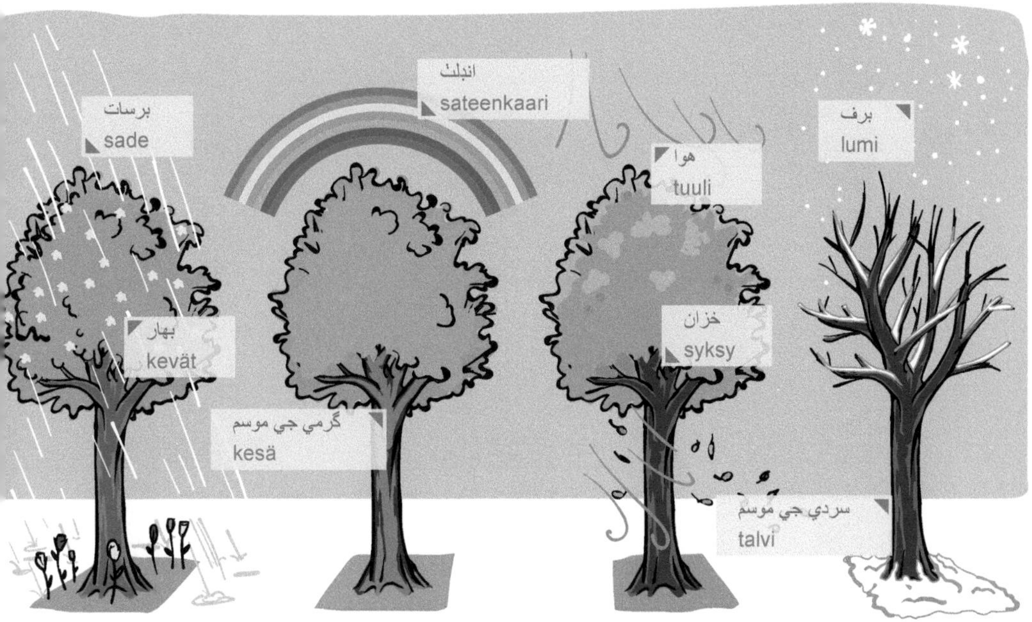

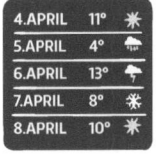

موسم جي پيشنگوهي

....

sääennuste

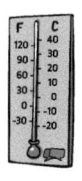

F
C

ٿرماميٽر

....

lämpömittari

اُس

....

auringonpaiste

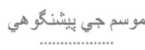

بادل

....

pilvi

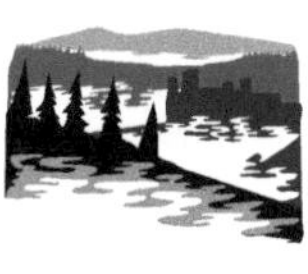

ڌنڌ

....

sumu

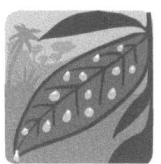

نمي

....

ilmankosteus

آسماني بجلي

salama

ٹرماميٽر

ukkonen

طوفان

myrsky

ڳڙڙ جو مينهن

rae

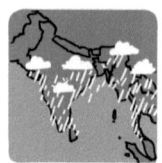

مون سون

monsuuni

ٻوڏ

tulva

برف

jää

جنوري

tammikuu

فيبروري

helmikuu

مارچ

maaliskuu

اپريل

huhtikuu

مئي

toukokuu

جون

kesäkuu

جولاَئي

heinäkuu

آگسٽ

elokuu

سال - vuosi

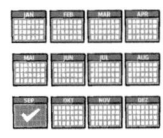

سِيپْتمبر
....
syyskuu

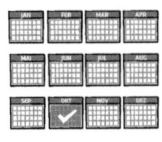

آكْتوبر
....
lokakuu

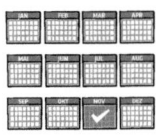

نوۆمبر
....
marraskuu

ڊسمبر
....
joulukuu

دائرو
....
ympyrä

چكور
....
neliö

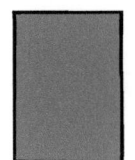

مستطيل
....
suorakulmio

تْكنڊيٻ
....
kolmio

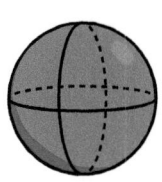

كره
....
pallo

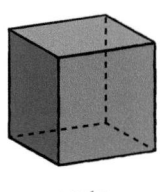

كعب
....
kuutio

اچو
valkoinen

پيلو
keltainen

نارنجي
oranssi

گلابي
vaaleanpunainen

گاڙھو
punainen

جامني
violetti

نيرو
sininen

سائو
vihreä

ناسي
ruskea

پورو
harmaa

کارو
musta

گیش / ٹورو

paljon / vähän

ناراض / پر سکون

vihainen / ystävällinen

خوبصورت / بدصورت

kaunis / ruma

شروعات / ختم

alku / loppu

وڈو / نیو

suuri / pieni

روشني / اونده

vaalea / tumma

بهن / بهائي

veli / sisko

صاف / خراب

puhdas / likainen

مکمل / نا مکمل

täydellinen / epätäydellinen

ڈینهن / رات

päivä / yö

مرده / زنده

kuollut / elävä

بگھو / تنگ

leveä / kapea

كائٽ قابل نه هجئ / كائٽ جي قابل هجن

syötävä / syömäkelvoton

برو / سٺو

paha / kiltti

پرجوش / بوريت جوشڪار

innostunut / tylsistynyt

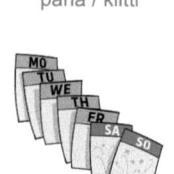

موٽو / پتلو

lihava / laiha

پهريون / آخري

ensimmäinen / viimeinen

دوست / دشمن

ystävä / vihollinen

پريل / خالي

täysi / tyhjä

سخت / نرم

kova / pehmeä

ڳرو / هلڪو

painava / kevyt

بک / اڃ

nälkä / jano

بيمار / صحت

sairas / terve

غيرقانون / قانوني

laiton / laillinen

عقلمند / بيوقوف

älykäs / tyhmä

سڌو / ابٽو

vasen / oikea

ويجهي / پري

lähellä / kaukana

نئون / استعمال ثيل

uusi / käytetty

كجہ بہ نہ / كجہ

ei mitään / jotain

پوڑھو / نوجوان

vanha / nuori

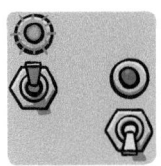

آن / آف

päällä / pois päältä

كليل / بند

auki / kiinni

خاموش / بلند آواز سان

hiljainen / äänekäs

امير / غريب

rikas / köyhä

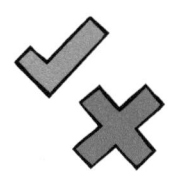

صحيح / غلط

oikein / väärin

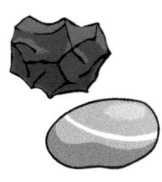

كھورو / لسو

karhea / sileä

غمگين / خوش

surullinen / iloinen

مختصر / بگھو

lyhyt / pitkä

آھستہ / تيز

hidas / nopea

آلو / سكل

märkä / kuiva

گرم / ٿنو

lämmin / viileä

جنگ / امن

sota / rauha

numerot

0

زيرو

nolla

1

هک

yksi

2

به

kaksi

3

ٿي

kolme

4

جار

neljä

5

بنچ

viisi

6

چه

kuusi

7

ست

seitsemän

8

اٺ

kahdeksan

9

نوَ

yhdeksän

10

ڏه

kymmenen

11

يارهن

yksitoista

12
بارهن
kaksitoista

13
تيرهن
kolmetoista

14
چوڈهن
neljätoista

15
پندرهن
viisitoista

16
سورهن
kuusitoista

17
سترهن
seitsemäntoista

18
ارڑهن
kahdeksantoista

19
اوٹهيه
yhdeksäntoista

20
ويه
kaksikymmentä

100
سو
sata

1.000
هزار
tuhat

1.000.000
ڈه لک
miljoona

انگریزي

englanti

أمریكي انگریزي

amerikanenglanti

چیني میبندارن

mandariinikiina

هندي

hindi

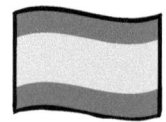

اندلسي بولي

espanja

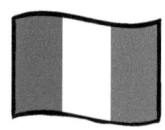

فرانسوي

ranska

عربي

arabia

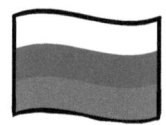

روسي

venäjä

پرتگالي

portugali

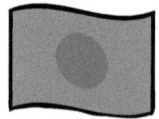

بنگالي

bengali

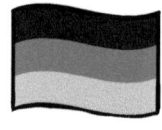

جرمن

saksa

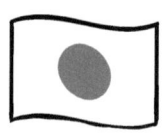

جاپاني

japani

مان

minä

تون

sinä

هي چوكري/ هي چوكرو / هو

hän

اسان

me

تون

te

هو

he

كير؟

kuka?

چا؟

mitä / mikä?

كيئن

miten?

كٹّي؟

missä?

كڏنهن؟

milloin?

نالو

nimi

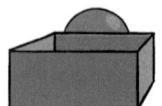

پويان

takana

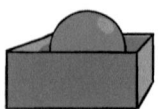

سي سامهون

sisällä

جي سامهون

edessä

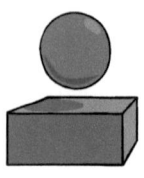

مٿي

yläpuolella

اُتي

päällä

هيٺ

alapuolella

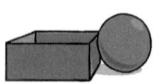

ڀرسان

vieressä

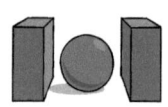

وچ ۾

välissä

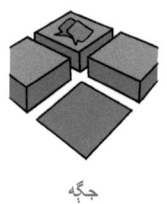

جڳهه

paikka